中国税务年度报告

(2023)

国家税务总局 编

中国税务出版社

图书在版编目（CIP）数据

中国税务年度报告. 2023 / 国家税务总局编. -- 北京：中国税务出版社，2024.5
ISBN 978-7-5678-1500-1

Ⅰ．①中… Ⅱ．①国… Ⅲ．①税收管理—研究报告—中国—2023 Ⅳ．①F812.423

中国国家版本馆 CIP 数据核字（2024）第 078390 号

版权所有·侵权必究

书　　名	中国税务年度报告（2023） ZHONGGUO SHUIWU NIANDU BAOGAO（2023）
作　　者	国家税务总局　编
责任编辑	范竹青
责任校对	姚浩晴
责任印制	林立志
出版发行	中国税务出版社 北京市丰台区广安路 9 号国投财富广场 1 号楼 11 层 邮政编码：100055 网址：https:// www.taxation.cn 投稿：https:// www.taxation.cn/qt/zztg 发行中心电话：(010)83362083/85/86 传真：(010)83362047/49
经　　销	各地新华书店
印　　刷	北京联兴盛业印刷股份有限公司
规　　格	889 毫米 ×1194 毫米　1/16
印　　张	3.75
字　　数	67000 字
版　　次	2024 年 5 月第 1 版　2024 年 5 月第 1 次印刷
书　　号	ISBN 978-7-5678-1500-1
定　　价	58.00 元

如有印装错误　本社负责调换

目 录 | CONTENTS

局长寄语   1

2023年中国税务工作概要   3
  强化政治机关建设   5
  组织税费收入   5
  落实税费优惠政策   8
  进一步深化税收征管改革   9
  优化办税缴费服务   9
  加强税收监管和税务稽查   12
  服务国家重大发展战略   13
  加强国际税收交流合作   14
  推进全面从严治党和税务干部队伍建设   16

2024年中国税务发展战略   19
  总体思路   20
  工作任务   20

附 录   23
  组织架构   24
  税费制度   30
  税收经济数据   42
  税收协定与税收情报网络   49

图表目录 | LIST OF FIGURES AND TABLES

图

图1	货物和劳务税、所得税、财产和行为税等税收收入结构(2023年)	6
图2	打击"三假"成效(2018年8月至2023年底)	13
图3	国家税务总局机构设置	25
图4	税务机构设置	28
图5	2018年以来税务系统在职人员数量变化	29

目 录

表

表1	全国税收收入(2023年)	6
表2	税务部门组织社会保险费收入情况(2023年)	7
表3	税务部门组织非税收入情况(2023年)	7
表4	中国税务部门对外交流情况(2023年)	14
表5	省和省以下税务局设置情况(2023年)	28
表6	2018年以来税务系统在职人员数量变化	29
表7	中国现行税种(2023年)	33
表8	中国现行社会保险制度(2023年)	39
表9	分地区税收收入(2023年)	42
表10	分行业税收收入(2023年)	44
表11	分地区分产业税收收入(2023年)	45
表12	分税种税收收入(2013—2023年)	46
表13	分地区税收收入(2013—2023年)	47
表14	税收收入占GDP比重(2013—2023年)	48
表15	税收收入占一般公共预算收入比重(2013—2023年)	48
表16	中国与其他国家签订的避免双重征税协定	49
表17	内地与香港、澳门特别行政区签订的避免双重征税安排	52
表18	大陆与台湾地区签订的避免双重征税协议	52
表19	中国政府签订的多边税收条约	54
表20	中国政府签订的税收情报交换协定	54

专栏目录 | LIST OF COLUMNS

专栏1　"政策找人"	8
专栏2　"便民办税春风行动"	10
专栏3　助力小微经营主体发展"春雨润苗"专项行动	10
专栏4　"银税互动"	11
专栏5　诉求解决机制	11
专栏6　涉税专业服务监管	12
专栏7　多部门常态化打击虚开骗税工作机制	13
专栏8　"一带一路"税收征管合作机制	14
专栏9　"税路通"跨境税费服务	15
专栏10　中国—OECD联合培养税务法学硕士项目	16
专栏11　素质提升"2271"工程	17
专栏12　税务领军人才	17
专栏13　学习兴税	18

局长寄语

各位读者朋友，大家好！

《中国税务年度报告（2023）》正式发布了。这份报告详细记录了2023年中国税务部门组织税费收入、落实税费优惠政策、深化税收征管改革、优化办税缴费服务、加强税收监管和税务稽查、推进国际税收交流合作等方面的情况，直观和全面地反映了中国税务部门守正创新高质量推进税务工作取得的新进展、新成效。在此，我谨代表国家税务总局，向所有支持关心中国税务事业发展的国内外朋友表示衷心的感谢！

2023年，全国税务系统坚持以习近平新时代中国特色社会主义思想为指导，坚决贯彻落实党中央、国务院决策部署，攻坚克难、履职尽责，推动各项税务工作不断向前推进，为促进经济回升向好、服务高质量发展作出了积极努力。我们依法依规征税收费，组织各项税费收入33.5万亿元（未扣除出口退税），有力保障国家发展财力；认真研究完善并落实落细税费优惠政策，不断深化拓展"政策找人"，确保政策红利精准落袋，全年新增减税降费及退税缓费22289.9亿元；持续改进完善办税缴费服务，先后分五批推出百余项创新举措，着力解决纳税人缴费人急难愁盼问题，纳税人满意度有新提升；切实加强税收监管和税务稽查，有力维护公平公正的经济秩序；进一步深化税收征管改革，初步搭建形成覆盖纳税人端、税务人端、决策人端"三端一体"的智能应用平台，税费征管数字化智能化治理效能不断提高；深度参与国际税收治理，全力服务第三届"一带一路"国际合作高峰论坛，创新推出"税路通"跨境服务品牌，有力服务高水平对外开放。

2024年是中华人民共和国成立75周年，是实现"十四五"规划目标任务的关键一年，中国税务部门将以习近平新时代中国特色社会主义思想为指导，深入贯彻党的二十大精神，坚持旗帜鲜明讲政治，坚定不移建强政治机关、走好第一方阵；坚持站位全局谋发展，坚定不移发挥和拓展提升税务部门职能作用；坚持牢记宗旨惠民生，坚定不移践行人民立场增进纳税人缴费人获得感；坚持管党治党严要求，坚定不移营造税务系统风清气正的良好政治生态，高质量推进中国式现代化税务实践，更好发挥税收在国家治理中的基础性、支柱性、保障性作用，为以中国式现代化全面推进强国建设、民族复兴伟业作出更大贡献。

大道不孤，众行致远。我们愿与社会各界和各国同行一道，坚持互利共赢，加强沟通交流，积极推动共谋合作、共享机遇、共赢发展，携手谱写税务事业发展新篇章。同时，衷心希望大家一如既往地关心、支持中国税收改革发展！

国家税务总局局长　胡静林

2024年4月

2023 年
中国税务工作概要

- 强化政治机关建设
- 组织税费收入
- 落实税费优惠政策
- 进一步深化税收征管改革
- 优化办税缴费服务
- 加强税收监管和税务稽查
- 服务国家重大发展战略
- 加强国际税收交流合作
- 推进全面从严治党和税务干部队伍建设

2023年，国家税务总局坚持以习近平新时代中国特色社会主义思想为指导，深入学习贯彻习近平总书记关于税收工作的重要论述和重要指示批示精神，切实把坚定捍卫"两个确立"、坚决做到"两个维护"贯穿税务工作始终，认真落实党中央、国务院决策部署，坚持稳中求进工作总基调，完整、准确、全面贯彻新发展理念，紧紧围绕服务高质量发展这一首要任务，团结带领税务系统广大干部职工，履职尽责、攻坚克难，推动党的税务事业取得新成效、迈上新台阶。

强化政治机关建设

牢牢把握"学思想、强党性、重实践、建新功"总要求，扎实深入开展学习贯彻习近平新时代中国特色社会主义思想主题教育，坚持不懈用习近平新时代中国特色社会主义思想凝心铸魂，一体推进理论学习、调查研究、推动发展、检视整改、建章立制5项重点措施，把加强县级税务局政治机关建设和基层党组织建设、创建新时代"枫桥式"税务所（分局、办税服务厅）、开展领导干部转变角色"走流程"作为"三个抓手"，扎实推进政治机关建设一贯到底、基层治理效能不断提升。持续深化拓展和落实落细"纵合横通强党建"工作机制，参加地方党建考核的省、市、县税务局获得"优秀"等次的比例分别达到100%、98%和94%。

组织税费收入

切实担负好保障国家财力的主力军职责，始终依法依规组织税费收入，进一步健全完善收入质量监控分析机制，坚决守住不收"过头税费"的底线。2023年共完成税收收入17.7万亿元（不含海关代征，未扣除出口退税），同比增长10.1%，圆满完成预算确定的税收收入目标。剔除留抵退税等各项不可比因素还原后，同比增长2.3%；若考虑2023年PPI下降3%左右，税收收入与全年GDP增长基本相适应。扎实做好社会保险费和非税收入征管服务工作，不断提升规范化、专业化水平。2023年共组织社会保险费8.2万亿元、非税收入7.1万亿元。税务部门2023年组织税费收入共计33.5万亿元。

表1 全国税收收入（2023年）

单位：亿元

项目	2023年	2022年	同比（%）
全国税收收入	176964	160743	10.1
国内增值税	69538	48912	42.2
国内消费税	16322	16867	-3.2
企业所得税	41278	43877	-5.9
个人所得税	15021	15141	-0.8
其他税收	34805	35946	-3.2

注：本部分税收收入不含海关代征进口税收、关税和船舶吨税，未扣除出口退税。

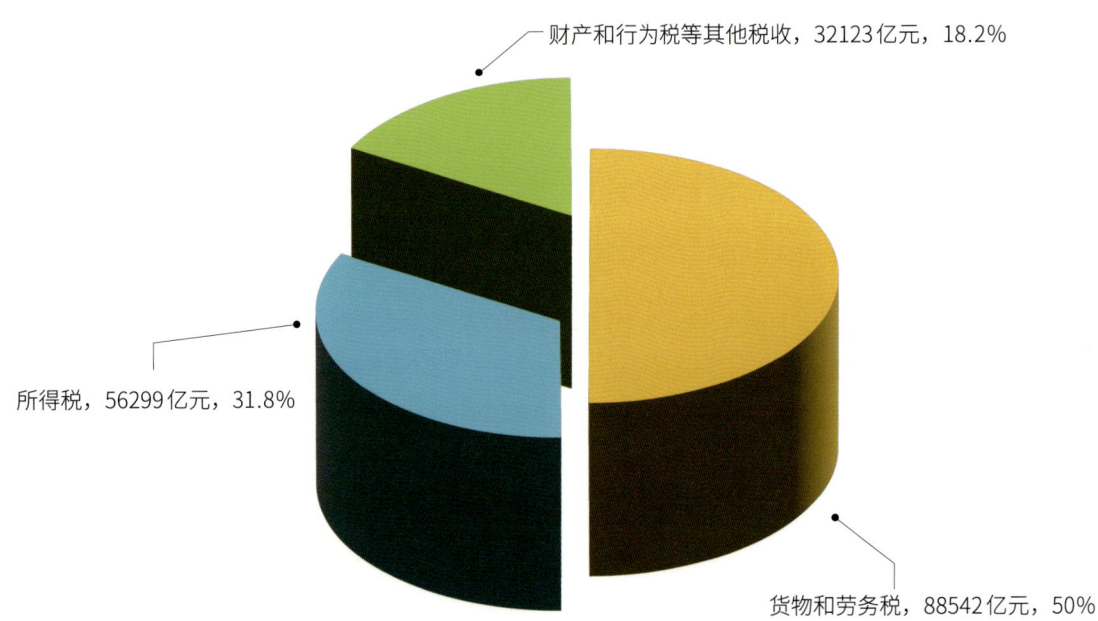

图1 货物和劳务税、所得税、财产和行为税等税收收入结构（2023年）

表2　税务部门组织社会保险费收入情况（2023年）

单位：亿元

项目	收入额	同比（%）
社会保险费	82233.14	11.6
基本养老保险费	54456.44	12.2
企业职工基本养老保险费	43158.28	11.3
城乡居民基本养老保险费	1493.13	11.1
机关事业单位基本养老保险费	9805.03	16.6
基本医疗保险费（含生育保险费）	24915.93	9.7
职工基本医疗保险费（含生育保险费）	21379.76	10.4
城乡居民基本医疗保险费	3536.17	5.8
失业保险费	1698.47	14.8
工伤保险费	1132.83	15.4
职业伤害保障费	7.64	127.4
长期护理保险费	21.83	15.2

表3　税务部门组织非税收入情况（2023年）

单位：亿元

项目	收入额	占比（%）
非税收入	71072.92	—
其中：中央级收入	3146.46	4.4
地方级收入	67926.46	95.6
一般公共预算收入	9070.89	12.8
政府性基金预算收入	61487.45	86.5
国有资本经营预算收入	514.58	0.7

落实税费优惠政策

认真研究完善税费优惠政策，对2023年到期和部分2024年到期的税费优惠政策逐项测算评估和分析论证，主动提出政策建议并配合财政部分5个批次公布77项延续、优化、完善的税费优惠政策。不折不扣抓好政策落实，不断深化"政策找人"工作，2023年8—12月依托电子税务局等开展精准推送6.7亿户（人）次，全年累计向各类经营主体推送减税降费红利账单8200余万户次。从严从快打击违规享受或恶意骗取税费优惠行为，确保政策红利精准落袋。2023年新增减税降费及退税缓费22289.9亿元，其中，制造业及相关行业受益占比超四成，中小微企业受益占比超六成，有力推动经济运行回升向好。在减税降费等各项政策的有力支持下，2023年新增涉税经营主体1687.6万户。

专栏1

"政策找人"

"政策找人"是税务部门发挥税收大数据优势开展的服务模式创新。主要根据不同行业、企业类型、人员身份等信息，对税费政策与适用对象进行智能匹配，确保符合条件的企业能及时收到契合自身实际的政策。税务部门依托电子税务局等平台，既向法定代表人、财务负责人、办税人员推送各有侧重的内容，又紧跟业务流程开展事前温馨告知、事中动态提醒、事后跟踪问效。2023年8—12月，累计推送6.7亿户（人）次、14.9亿条，实现了政策找准人、政策送上门，有效确保税费优惠政策直达快享。

进一步深化税收征管改革

深入落实中办、国办2021年3月印发的《关于进一步深化税收征管改革的意见》，在2021年实现良好开局、2022年完成重点攻坚的基础上，深化拓展31项改革举措，新出台74项高含金量的具体措施，统筹推进各项改革任务落地落细。电子发票服务平台在全国上线，全面数字化的电子发票试点进一步扩围，全国统一规范的新电子税务局在四川等地上线运行，有效提升税收治理数字化、智能化、场景化水平。税收征管法修订工作加快推进，新修订的《发票管理办法》正式公布，《发票管理办法实施细则》配套修改并发布。税务网络和数据安全防护进一步加强。大企业税收治理新格局加快构建，重点税源服务和管理能力进一步提升。拓展深化税收精诚共治，推动全国31个省（自治区、直辖市）全部出台税费共治保障办法。

优化办税缴费服务

连续第10年开展"便民办税春风行动"，围绕"办好惠民事·服务现代化"主题，分五批接续推出109条便民办税缴费措施，特别是聚焦中小微经营主体推出28项举措，助力民营经济发展壮大。联合中华全国工商业联合会开展2023年助力小微经营主体发展"春雨润苗"专项行动，推出三大类系列活动12项服务措施。不断深化"银税互动"，2023年帮助守信小微企业获得贷款2.84万亿元。推进不动产登记办税便利化改革，在全国范围实现不动产登记和办税"一件事一次办"。升级完善税费服务诉求解决机制，国家税务总局和各省税务局协同联动推进解决纳税人缴费人共性热点诉求814件。加强对涉税专业服务行业的监管与服务，切实维护纳税人缴费人合法权益。第三方调查显示，2023年纳税人缴费人满意度得分为89.24分，又有新提高。

专栏 2

"便民办税春风行动"

自 2014 年以来，税务总局连续 10 年开展"便民办税春风行动"，促进全国纳税人满意度稳步提升、获得感持续增强。2023 年，税务部门以"办好惠民事·服务现代化"为主题，深入开展"便民办税春风行动"，推出系列服务举措，特别是聚焦民营经济针对性推出系列服务措施，努力提升纳税人缴费人获得感和满意度。

专栏 3

助力小微经营主体发展"春雨润苗"专项行动

2023 年，"春雨润苗"专项行动以优化小微企业和个体工商户等小微经营主体发展环境为重点，围绕"提质效、强赋能、促升级"主题，推出系列服务措施。行动开展以来，各级税务机关与工商联紧密协作，开展分行业政策宣讲、就业创业政策宣传、"专精特新"主题讲座等活动 3.5 万场；组建志愿者服务队、商会服务站等 8500 余个；针对"专精特新"企业，深化梯度培育，提供创业辅导、税费专题培训等志愿服务 177 万户次，为"专精特新""中华老字号"企业等提供"点对点"服务 15 万户次。

专栏 4

"银税互动"

为缓解小微企业融资难题，税务总局自2015年起就联合金融监管部门在全国范围开展"银税互动"，将纳税信用转化为企业的融资信用，小微企业免抵押即可获得信用贷款。近年来，各级税务部门进一步加强与金融监管部门和银行的协作，不断完善"银税互动"合作机制、丰富税银共享信息内容、创新"银税互动"信贷产品、扩大受惠企业范围、加强共享涉税数据安全管理，在切实保护纳税人合法权益和确保数据安全的前提下，做精做细"银税互动"工作，持续助力小微企业健康发展。2023年，全国守信小微企业通过"银税互动"获得银行贷款金额2.84万亿元，同比增长26.49%。

专栏 5

诉求解决机制

近年来，各级税务部门始终聚焦纳税人缴费人急难愁盼，不断完善优化诉求解决机制，将问题解决范围从投诉拓展至诉求，覆盖包含12366纳税缴费热线等10个渠道，健全"分析—推送—办理—反馈—监督—考评"的闭环管理机制，总结提炼推广诉求解决典型案例办理经验，进一步提升服务的主动性、实效性和权益性，推动由"治已病"向"治未病"转变。2023年税务总局层面解决热点诉求54项，各省税务局解决热点诉求760项。

> **专栏6**
>
> **涉税专业服务监管**
>
> 近年来，中国税务部门依托信用等级和风险状况持续加强对涉税专业服务机构的监管，探索推行集中管理和服务，进一步促进涉税专业服务行业规范发展。一方面，严格落实涉税专业服务实名管理制度，拓展信息公示渠道，强化涉税专业服务信用评价结果分级分类运用。研究推出《涉税专业服务基本准则（试行）》《涉税专业服务职业道德守则（试行）》，切实规范涉税专业服务行为。另一方面，强化与财政、市场监管部门联合监管机制，专项整治代理记账行业违法违规行为，防范违规税务代理风险。同时，提升对互联网涉税违法违规信息监测水平，打击涉税违法违规信息发布行为，营造清朗的涉税服务网络环境。

加强税收监管和税务稽查

持续健全完善国家税务总局、各省税务局两级加强税收监管领导小组工作机制，研究推出进一步加强和改进税务稽查的25条措施和更好发挥特派办职能作用的20条措施，探索实施"区域+行业"专业化监管，坚决守牢不发生系统性行业性区域性涉税风险底线。逐步推广"信用+风险"动态监管，分类实施差异化服务和管理。积极邀请最高人民法院、市场监管总局加入常态化打击虚开骗税工作机制，进一步健全从行政执法到刑事司法全链条、一体化打击虚开骗税违法犯罪的工作格局。2023年共查处涉嫌违法纳税人13.5万户，配合公安部门对8228名犯罪嫌疑人采取强制措施，539名犯罪嫌疑人投案自首。针对文娱行业、出口退税、加油站等高风险领域强化查处整治，公开曝光243起偷逃骗税典型案例，有力营造公平公正的经济税收环境。

专栏7

多部门常态化打击虚开骗税工作机制

2018年8月以来，联合公安、海关、人民银行开展打击"假企业""假出口""假申报"（以下简称"三假"）专项行动，有效规范了一些重点领域、重点地区的税收秩序。在此基础上，邀请最高人民检察院和国家外汇管理局加入工作机制，打击"三假"实现从集中打击向常态化打击转变。2023年，最高人民法院和市场监管总局先后加入这一工作机制，机制成员单位由六部门拓展至八部门，形成了从行政执法到刑事司法全链条、一体化打击涉税违法犯罪的工作新格局。

打击"三假"成效显著

- 82.4万户 查处涉嫌虚开骗税企业
- 1806.14亿元 挽回税款损失
- 55467人 检察机关提起公诉
- 7283人 慑于高压态势投案自首犯罪嫌疑人

图2　打击"三假"成效（2018年8月至2023年底）

服务国家重大发展战略

积极服务京津冀、长江经济带等国家区域协调发展战略，研究完善有关税收政策和征管服务措施，推动西南、西北、中南地区统一税务行政处罚裁量基准，切实推进全国统一大市场建设。研究优化零关税清单等海南自贸港建设配套税收政策，落实落细21项自贸试验区总体方案涉税任务。围绕支持乡村振兴，多措并举完成年度定点帮扶任务，全年向青海民和县、平安区投入帮扶资金440万元，引进帮扶资金1118.48万元。加力推进税收大数据体系建设，开展税收大数据分析服务高质量发展交流活动，新拓展与财政部等部门的数据共享，与海关总署签署深化数据共享合作备忘录。

加强国际税收交流合作

全力服务第三届"一带一路"国际合作高峰论坛，多项税收成果纳入高峰论坛成果清单，习近平总书记在开幕式主旨演讲中专门强调加强税收等领域多边合作平台建设。协助格鲁吉亚举办第四届"一带一路"税收征管合作论坛，发布《优化税收营商环境行动计划（2023—2025）》等六项成果。创新推出"税路通"跨境税费服务品牌，推进跨境投资"信息通""政策通"和"服务通"。主办税收征管数字化高级别国际研讨会，来自亚洲、欧洲、非洲、美洲、大洋洲的20个国家税务部门、6个国际组织代表及部分学术机构和跨国企业代表参加。与喀麦隆、塞内加尔分别签署税收协定，与挪威签署经全面修订的税收协定，与奥地利签署税收协定议定书。我国税收协定网络进一步扩大至114个国家和地区。深度参与应对经济数字化税收挑战"双支柱"方案等国际规则的研究与谈判，持续做好相关国内法律法规衔接研究准备，切实维护我国税收利益。持续推动国际化人才培养提质增效，深化中国—OECD联合培养税务法学硕士项目建设，2023年共向我国驻外使领馆、国际组织和国外大学派出28名外派干部。

表4　中国税务部门对外交流情况（2023年）

对外交流国家（地区）
日本、韩国、荷兰、泰国、南非、俄罗斯、新加坡、哈萨克斯坦、阿根廷、乌拉圭、伊朗、沙特阿拉伯、丹麦、奥地利、波兰、卡塔尔、喀麦隆、塞内加尔、印度、以色列、西班牙、白俄罗斯、科威特，中国香港、中国澳门

专栏8

"一带一路"税收征管合作机制

"一带一路"税收征管合作机制成立于2019年4月，是由中国首倡发起、各方共同建立的多边合作机制，秘书处设在中国北京。四年多来，合作机制秉持开放包容精神，通过开展多形式、多层次、多议题的活动，为共建"一带一路"国家税务部门交流提供线上线下平台，推动各方共同提高税收征管能力建设水平，为消除跨境贸易和投资障碍、促进区域协调发展和经济全球化包容性增长贡献税务力量。截至2023年底，合作机制先后举办四届合作论坛，理事会成员增加至36个，观察员增加至30个。

专栏9

"税路通"跨境税费服务

2023年10月，税务总局在全面梳理近年来国际税收服务工作成果和总结提炼各地税务机关创新做法的基础上，聚焦服务高质量"引进来"和高水平"走出去"，整合、优化、出台一系列服务跨境投资者的务实举措，推出"税路通"服务高水平对外开放品牌，建立健全跨境投资税收服务长效机制，把服务延伸到跨境投资全周期，推动实现跨境投资"信息通""政策通"和"服务通"，税收服务更加专业化、规范化、国际化。

"税路通"服务品牌的主要内容可概括为"一二三四"：一是指一个服务矩阵，即"税路通"服务品牌及旗下各地税务机关特色国际税收服务平台组成的服务矩阵。目前，全国36个省级税务部门全部创建"税路通"服务子品牌，形成以总局为核心，以省局为分支的"税路通""1+36"服务品牌矩阵。二是指两级服务团队，即由各地税务机关组成的基层服务团队和税务总局组成的专家团队。截至2023年底，服务团队已研究解决2批150多个跨境疑难问题。三是指三个服务机制，包括跨境纳税人沟通机制、税收政策服务机制和涉税诉求解决机制。同时，开通12366跨境税费服务专线，2023年累计提供双语咨询11.7万次。四是指服务跨境投资者的四个知识产品，分别是国别（地区）投资税收指南、"走出去"税收指引、海外税收案例库和跨境纳税人缴费人常见问题解答。2023年已发布105份税收指南、1个税种指引、15个海外税收案例、34个跨境纳税人缴费人常见问题解答，受到纳税人缴费人广泛欢迎。

> 专栏10

中国—OECD联合培养税务法学硕士项目

联合培养项目是中国与OECD在税收领域深化合作的最新成果，开创了中国与OECD在专业领域合作开展学历学位教育的先河，旨在帮助中国和其他发展中国家培养熟悉国际税收规则、具备专业知识背景的高素质复合型人才，推动全球税收治理体系建设。该项目由税务总局与OECD协商发起，会同中国财政部与厦门大学合作开展，自2022年以来已完成两次招生，共招收学生53人，其中外籍学生24人，主要是来自共建"一带一路"国家负责税收政策和管理工作的官员。2023年5月，联合培养项目4名中国学生组成代表队在第七届"全球税收协定评论大学竞赛"决赛中荣获冠军。

推进全面从严治党和税务干部队伍建设

认真贯彻落实党中央关于推进全面从严治党和加强干部队伍建设的部署要求，持续健全税务系统全面从严治党体系，全面深化税务系统纪检监察体制改革，构建完善一体化综合监督体系，各类监督更加贯通协调。修订税务总局党委贯彻落实中央八项规定精神实施细则的实施办法，开展纪法教育宣传月活动，强化正风肃纪反腐，持续释放全面从严、一严到底的强烈信号。深入落实新时代党的组织路线，持续优化干部选任机制。进一步优化数字人事制度，持续改进税务绩效管理，不断完善指标体系，坚持考严考实。深入实施人才兴税战略，深化推进素质提升"2271"工程，各类税务人才达6.6万人。成立全国税务团工委，推动36个省级局实现系统团组织全覆盖。全系统先后有446个集体和35名个人获省部级以上荣誉，队伍活力进一步激发。制定实施《全国税务系统干部教育培训规划（2023—2027年）》，选拔第九批税务领军人才，连续第九年开展"岗位大练兵、业务大比武"活动，深化学习兴税平台应用，为税务干部教育培训高质量发展聚势赋能。

专栏11

素质提升"2271"工程

近年来，税务总局着力打造"金字塔"式人才梯队，建设一支高素质专业化税务人才队伍。2022年，税务总局全面贯彻习近平总书记关于新时代人才工作的重要思想和中央人才工作会议精神，根据新时代税收现代化需要，在继承和发扬已有素质提升工程的基础上进行提档升级，部署实施素质提升"2271"工程，着力构建由200名左右战略人才、2000名左右领军人才、7万名左右业务标兵和1万名左右青年才俊构成的税务人才队伍新体系。

专栏12

税务领军人才

全国税务领军人才是推动人才兴税战略的"先手棋"。自2013年启动税务领军人才培养工作以来，税务总局始终坚持"优选、精育、严管、善用"相结合，以集中培训、在职自学、实践锻炼相结合方式进行培养，努力锻造一支政治坚定、素质优良、能力突出、引领示范，在税收改革发展大潮中发挥关键作用的"顶梁柱"。2023年税务总局选拔第九批税务领军人才预录取学员126名，举办各批次税务领军人才集中培训班23期，组织321人次进行实践锻炼。经过十年持续推进，目前税务领军人才已超过1000名，头雁效应已然成势，示范效应逐渐放大，导向效应越发凸显。

专栏13

学习兴税

按照习近平总书记关于崇尚学习、加强学习的重要指示精神，税务总局结合税务系统管理垂直化、业务同质化等特点，自2020年以来，高质量推进学习兴税平台建设，创新建立一整套"学测用评"制度体系，通过日常学、日常练，引导全系统加强政治理论和税收业务学习，探索通过在线方式将干部学习教育融入日常、融入工作的新路子，并分步在全国税务系统全面推开。逐步拓展学习兴税平台功能，加大学习资源建设力度，建设形成面向不同人才类型、不同业务领域的学习资源库。自2020年上线以来，税务系统运用平台组织网络培训6500余期，开展各类练习测试1.5万余场。

2024 年
中国税务发展战略

- 总体思路
- 工作任务

总体思路

紧紧聚焦"以习近平新时代中国特色社会主义思想为指引,高质量推进中国式现代化税务实践"这一工作主线,着力强化政治统领,着力强化依法治税,着力强化改革创新,着力强化管理增效,着力强化服务提质,着力强化风险防范,坚持加强党对税务工作的全面领导,坚持完整、准确、全面贯彻新发展理念,坚持稳中求进、以进促稳、先立后破,以建强政治机关为首要责任,以服务高质量发展为首要任务,以聚财生财并举为首要担当,以优服务强监管为有力抓手,以智慧税务建设为有力支撑,以全面从严治党为有力保障,守正创新、接续奋斗,真抓实干、善作善成,高质量推进中国式现代化税务实践,更好发挥税收在国家治理中的基础性、支柱性、保障性作用,为以中国式现代化全面推进强国建设、民族复兴伟业作出更大贡献。

工作任务

坚定不移建强政治机关、走好第一方阵。 持续拓展主题教育成果,抓好成果转化运用,建立健全完善税务系统主题教育常态化长效化制度机制;持续开展强化政治机关意识教育和对党忠诚教育,深入推进县局政治机关建设,促进税务系统政治机关建设一贯到底;持续提升党建工作质效,扎实推进税务机关基层党组织建设高质量发展,进一步优化"纵合横通强党建"工作机制,全面推进党支部标准化规范化建设,强化党建与业务深度融合。

坚定不移发挥和拓展提升税务部门职能作用。 扛牢依法依规组织税费收入主责,严守不收"过头税费"的底线,加强精准监管堵漏增收,把国家财力根基夯得更实、筑得更牢。加力提升社保费和非税收入征管服务水平,着力夯实法治保障。加强税收改革和政策研究完善,精准高效落实结构性减税降费政策,进一步深化"政策找人",拓展"自动算税",推进政策直达快享。持续深化税收征管改革,稳步推进全面数字化的电子发票推广应用,持续推广上线全国统一的新电子税务局和税务人端智慧办公平台,深化拓展税收大数据应用,提升数字化智能化治理效能。着力提高税收监管效能,进一步夯实征管基础,积极发挥八部门常态化打击涉税违法犯罪工作机制作用，加强对高风险重点领域靶向整治，深入推进精准监管和以查促治。严肃治理地方违规招商引资中的涉税问题，切实推进全国统一大市场建设。

坚定不移践行人民立场增进纳税人缴费人获得感。坚持以人民为中心的发展思想，围绕"高效办成一件事"，聚焦办税缴费中高频事项和纳税人缴费人反映突出的问题，持续开展"便民办税春风行动"。深化拓展内外部协同配合，充分发挥税收大数据作用，提高"好办事"的便利和"办成事"的效率。进一步完善税费服务诉求解决机制，着力推动"接诉即办"向"未诉先办"延伸。加强税收多边合作平台建设，完善"一带一路"税收征管合作机制，加力推进"税路通"品牌建设，着力打造市场化、法治化、国际化税收营商环境。

坚定不移营造税务系统风清气正的良好政治生态。深入贯彻习近平总书记关于党的自我革命的重要思想，以彻底的自我革命精神，持续健全税务系统全面从严治党体系，压紧压实管党治党的政治责任，引领保障中国式现代化税务实践行稳致远。进一步加强各级税务局领导班子建设，做好战略人才、领军人才和国际化税收人才选拔培养使用工作，扎实开展练兵比武，着力培养青年才俊，不断增强干事创业真本领，大力弘扬向上向善正能量。

附 录

- 组织架构
- 税费制度
- 税收经济数据
- 税收协定与税收情报网络

组织架构

国家税务总局是国务院直属机构，其前身为1950年成立的财政部税务总局。1994年，中国实施分税制财政体制改革，在省和省以下分设国家税务局和地方税务局。税务总局对国家税务局系统实行机构、编制、干部、经费的垂直管理，协同省级人民政府对省级地方税务局实行双重领导。2018年3月，根据中共中央印发的《深化党和国家机构改革方案》和经十三届全国人大一次会议批准的《国务院机构改革方案》，改革国税地税征管体制，将省级和省级以下国税地税机构合并，实行以税务总局为主、与省（区、市）党委和政府双重领导的管理体制。

国家税务总局机构设置与职责

国家税务总局机构设置

税务总局设局长1名，副局长4名，驻税务总局纪检监察组组长1名，总经济师、总会计师和总审计师各1名。派驻机构：中央纪委国家监委驻国家税务总局纪检监察组。税务总局内设16个行政司局，另设机关党委、离退休干部局；9个直属事业单位（其中参照公务员法管理的事业单位为教育中心、电子税务管理中心、集中采购中心），1个直属（企业）单位；7个派出机构和3个社会团体。

附　录

国家税务总局

驻税务总局纪检监察组

职能司局

办公厅
（党委办公室）

政策法规司

货物和劳务税司

所得税司

财产和行为税司

国际税务司
（港澳台办公室）

社会保险费司
（非税收入司）

收入规划核算司

纳税服务司

征管和科技发展司

大企业税收管理司

稽查局

财务管理司

督察内审司

人事司
（党委组织部）

党建工作局
（党委宣传部、
巡视工作办公室）

机关党委

离退休干部局

直属单位

教育中心

机关服务中心

电子税务管理中心

集中采购中心

税收科学研究所

税收宣传中心

税务干部学院
（中共国家税务总局党校）

中国税务杂志社

中国税务报社

中国税务出版社

派出机构

税收大数据和风险管理局

驻北京特派员办事处
（驻北京稽查局）

驻沈阳特派员办事处
（驻沈阳稽查局）

驻上海特派员办事处
（驻上海稽查局）

驻广州特派员办事处
（驻广州稽查局）

驻重庆特派员办事处
（驻重庆稽查局）

驻西安特派员办事处
（驻西安稽查局）

社会团体

中国税务学会

中国国际税收研究会

中国注册税务师协会

图3　国家税务总局机构设置

国家税务总局的主要职责

- 具体起草税收法律法规草案及实施细则并提出税收政策建议，与财政部共同上报和下发，制定贯彻落实的措施。负责对税收法律法规执行过程中的征管和一般性税政问题进行解释，事后向财政部备案。

- 承担组织实施税收及社会保险费、有关非税收入的征收管理责任，力争税费应收尽收。

- 参与研究宏观经济政策、中央与地方的税权划分并提出完善分税制的建议，研究税负总水平并提出运用税收手段进行宏观调控的建议。

- 负责组织实施税收征收管理体制改革，起草税收征收管理法律法规草案并制定实施细则，制定和监督执行税收业务、征收管理的规章制度，监督检查税收法律法规、政策的贯彻执行。

- 负责规划和组织实施纳税服务体系建设，制定纳税服务管理制度，规范纳税服务行为，制定和监督执行纳税人权益保障制度，保护纳税人合法权益，履行提供便捷、优质、高效纳税服务的义务，组织实施税收宣传，拟订税务师管理政策并监督实施。

- 组织实施对纳税人进行分类管理和专业化服务，组织实施对大型企业的纳税服务和税源管理。

- 负责编报税收收入中长期规划和年度计划，开展税源调查，加强税收收入的分析预测，组织办理税收减免等具体事项。

- 负责制定税收管理信息化制度，拟定税收管理信息化建设中长期规划，组织实施金税工程建设。

- 开展税收领域的国际交流与合作，参加国家（地区）间税收关系谈判，草签和执行有关的协议、协定。

- 办理进出口商品的税收及出口退税业务。

- 以税务总局为主、与省（区、市）党委和政府对全国税务系统实行双重领导。

- 承办党中央、国务院交办的其他事项。

省级和省级以下税务局机构设置与职责

省以下税务系统设省（自治区、直辖市和计划单列市）、市（地、州、盟）、县（市、区、旗）三级税务局，县税务局下设税务分局、税务所。省（自治区、直辖市和计划单列市）税务局36个，副省级城市税务局10个，市级税务局522个，县级税务局3166个。

省级税务局主要职责

- 负责贯彻执行党的路线、方针、政策，加强党的全面领导，履行全面从严治党责任，负责党的建设和思想政治建设工作。
- 负责贯彻执行税收、社会保险费和有关非税收入法律、法规、规章和规范性文件，研究制定具体实施办法。组织落实国家规定的税收优惠政策。
- 负责研究拟定本系统税收、社会保险费和有关非税收入中长期规划，参与拟定税收、社会保险费和有关非税收入预算目标并依法组织实施。负责本系统税收、社会保险费和有关非税收入的会统核算工作。组织开展收入分析预测。
- 负责开展税收经济分析和税收政策效应分析，为税务总局和地方党委、政府提供决策参考。
- 负责所辖区域内各项税收、社会保险费和有关非税收入征收管理。组织实施税（费）源监控和风险管理，加强大企业和自然人税收管理。
- 负责组织实施本系统税收、社会保险费和有关非税收入服务体系建设。组织开展纳税服务、税收宣传工作，保护纳税人缴费人合法权益。承担涉及税收、社会保险费和有关非税收入的行政处罚听证、行政复议和行政诉讼事项。
- 负责所辖区域内国际税收和进出口税收管理工作，组织反避税调查和出口退税事项办理。
- 负责组织实施所辖区域内税务稽查和社会保险费、有关非税收入检查工作。
- 负责增值税专用发票、普通发票和其他各类发票管理。负责税收、社会保险费和有关非税收入票证管理。
- 负责组织实施本系统各项税收、社会保险费和有关非税收入征管信息化建设和数据治理工作。
- 负责本系统内部控制机制建设工作，开展对本系统贯彻执行党中央、国务院重大决策及上级工作部署情况的督查督办，组织实施税收执法督察。
- 负责本系统基层建设和干部队伍建设工作，加强领导班子和后备干部队伍建设，承担税务人才培养和干部教育培训工作。负责本系统绩效管理和干部考核工作。
- 负责本系统机构、编制、经费和资产管理工作。
- 完成税务总局和省级党委、政府交办的其他工作。

省级以下税务局主要职责

按照分级管理、权责一致的原则，省级以下税务局在加强党的建设、思想政治建设和干部队伍建设的同时，突出直接面向纳税人缴费人的管理服务职能，具体承担所辖区域内各项税收、社会保险费和有关非税收入征管等职能。

表5　省和省以下税务局设置情况（2023年）

机构层级	机构数量（个）
省、自治区、直辖市和计划单列市税务局	36
副省级城市税务局	10
市级税务局	522
县级税务局	3166

图4　税务机构设置

税务系统在职人员规模和相关构成

截至2023年12月31日，全国税务系统在职人员共计668010人，其中，女性工作人员276870人，占比41.45%；高级管理人员（副处级及以上人员）43822人，其中，女性高级管理人员9378人，占比21.4%。

自2018年国税地税机构合并以来，全国税务系统在职人员呈现出显著的总量精减、结构优化的发展态势。在职人员总量由2018年底的74.02万人下降至2023年底的66.8万人，降幅达9.75个百分点；研究生及以上学历人员由4.69万人增加为7.39万人，占全员比重增加了4.72个百分点；大专及以下学历人员由19.18万人减少为10.41万人，占全员比重降低了10.33个百分点，全国税务人员知识结构明显改善。

表6　2018年以来税务系统在职人员数量变化

单位：万人

年度	2018	2019	2020	2021	2022	2023
人员总量	74.02	72.03	70.89	69.84	68.87	66.8

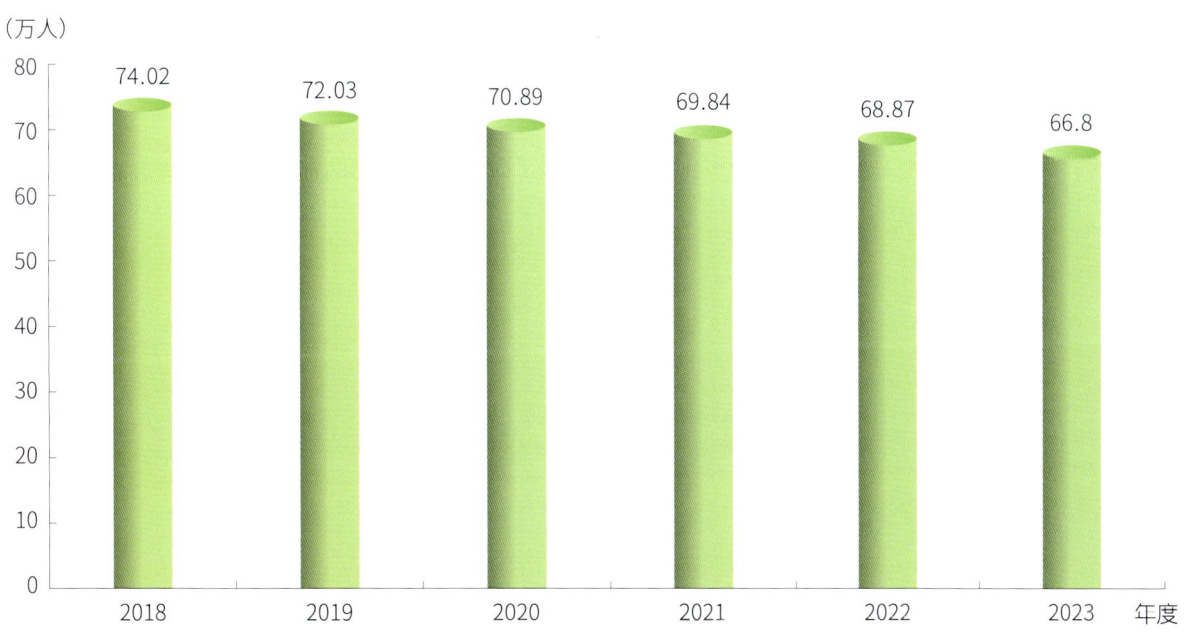

图5　2018年以来税务系统在职人员数量变化

税费制度

为了适应建立和完善社会主义市场经济体制的需要，1994年中国进行了分税制财政管理体制改革，构建了现行税制基本框架。进入21世纪以来，中国对税制进行了一系列调整和完善，为实现政府财力增强和经济高质量发展发挥了重要作用。

中国税制主要变化（1994—2023年）

1994年 ◆ 在全国范围内实施统一的增值税制度。取消集市交易税、牲畜交易税、烧油特别税、奖金税、工资调节税等税种。

1997年 ◆ 7月7日，国务院公布《中华人民共和国契税暂行条例》，自1997年10月1日起施行。

1999年 ◆ 8月30日，第九届全国人民代表大会常务委员会第十一次会议修正《中华人民共和国个人所得税法》。

2000年 ◆ 停止征收固定资产投资方向调节税。

10月22日，国务院公布《中华人民共和国车辆购置税暂行条例》，自2001年1月1日起施行。

2003年 ◆ 11月23日，国务院公布新的《中华人民共和国进出口关税条例》，自2004年1月1日起施行。

2005年 ◆ 10月27日，第十届全国人民代表大会常务委员会第十八次会议修正《中华人民共和国个人所得税法》，自2006年1月1日起施行。

2006年 ◆ 1月1日，取消农业税。

4月28日，国务院公布《中华人民共和国烟叶税暂行条例》，自公布之日起施行。

12月29日，国务院公布《中华人民共和国车船税暂行条例》，自2007年1月1日起施行。

12月31日，国务院修订《中华人民共和国城镇土地使用税暂行条例》，自2007年1月1日起施行。

2007年 ◆ 3月16日，第十届全国人民代表大会第五次会议审议通过《中华人民共和国企业所得税法》，自2008年1月1日起施行。

6月29日，第十届全国人民代表大会常务委员会第二十八次会议修正《中华人民共和国个人所得税法》。

12月29日，第十届全国人民代表大会常务委员会第三十一次会议修正《中华人民共和国个人所得税法》，自2008年3月1日起施行。

2007—2010年　　中国改革开放以来施行的内外两套税制得到统一：

2007年，统一内外资企业城镇土地使用税制度；

2008年，《中华人民共和国企业所得税法》及其实施条例实施，统一内外资企业所得税制度；

2009年，统一内外资企业房产税制度；

2010年，统一内外资企业和个人城市维护建设税制度。

2009年　　实施成品油税费改革，完善消费税制度。

在全国范围内实施由生产型向消费型转型的增值税改革，允许企业购进机器设备所含增值税税款在销项税额中抵扣。

2011年　　实施原油、天然气资源税从价计征改革。

2月25日，第十一届全国人民代表大会常务委员会第十九次会议通过《中华人民共和国车船税法》，自2012年1月1日起施行。

6月30日，第十一届全国人民代表大会常务委员会第二十一次会议修正《中华人民共和国个人所得税法》，自2011年9月1日起施行。

2012年　　选择部分地区开始实施营改增试点。

2013年　　营改增试点在全国范围内推开，试点行业范围包括交通运输业和部分现代服务业。

2014年　　逐步将铁路运输业、邮政业、电信业纳入营改增试点行业范围。

实施煤炭资源税从价计征改革。

2015年　　稳妥实施营改增试点。

积极开展消费税改革和稀土、钨、钼资源税从价计征改革。

2016年　　全面推开营改增试点，实现增值税对货物和服务全覆盖。

全面推开资源税从价计征改革，并在河北省率先开展水资源税改革试点。

12月25日，第十二届全国人民代表大会常务委员会第二十五次会议通过《中华人民共和国环境保护税法》，自2018年1月1日起施行。

2017年　　　简并增值税税率，取消13％档次增值税税率，形成17％、11％、6％三档税率结构。

2月24日，第十二届全国人民代表大会常务委员会第二十六次会议修正《中华人民共和国企业所得税法》。

将水资源税改革试点范围扩大至北京等9个省（自治区、直辖市）。

11月19日，国务院废止《中华人民共和国营业税暂行条例》，同时修订《中华人民共和国增值税暂行条例》。

12月25日，国务院公布《中华人民共和国环境保护税法实施条例》，自2018年1月1日起施行。

12月27日，第十二届全国人民代表大会常务委员会第三十一次会议通过《中华人民共和国烟叶税法》《中华人民共和国船舶吨税法》，均自2018年7月1日起施行。

2018年　　　深化增值税改革，将17％、11％税率分别调整为16％、10％，形成16％、10％、6％三档税率结构。

8月31日，第十三届全国人民代表大会常务委员会第五次会议修正《中华人民共和国个人所得税法》，自2019年1月1日起施行。

12月29日，第十三届全国人民代表大会常务委员会第七次会议修正《中华人民共和国企业所得税法》；通过《中华人民共和国车辆购置税法》《中华人民共和国耕地占用税法》，分别自2019年7月1日、2019年9月1日起施行。

2019年　　　下调增值税税率，将16％、10％税率分别调整为13％、9％，形成13％、9％、6％三档税率结构；扩大进项税额抵扣范围。实施小微企业普惠性税收减免政策，加大小微企业税收优惠力度。

8月26日，第十三届全国人民代表大会常务委员会第十二次会议通过《中华人民共和国资源税法》，自2020年9月1日起施行。

2020年　　　3月1日至6月30日，中国首次个人所得税综合所得汇算清缴顺利推进，标志着综合与分类相结合的个人所得税制在中国基本建立。

8月11日，第十三届全国人民代表大会常务委员会第二十一次会议通过《中华人民共和国契税法》《中华人民共和国城市维护建设税法》，均自2021年9月1日起施行。

2021年　　　6月10日，第十三届全国人民代表大会常务委员会第二十九次会议通过《中华人民共和国印花税法》，自2022年7月1日起施行。

10月23日，第十三届全国人民代表大会常务委员会第三十一次会议通过

《全国人民代表大会常务委员会关于授权国务院在部分地区开展房地产税试点工作的决定》。

2022年 ◆ 12月27日,《中华人民共和国增值税法(草案)》提请第十三届全国人民代表大会常务委员会第三十八次会议首次审议。立法总体上按照税制平移的思路,保持现行税制框架和税负水平基本不变,将《中华人民共和国增值税暂行条例》和有关政策规定上升为法律。

2023年 ◆ 8月28日,《中华人民共和国增值税法(草案二次审议稿)》提请第十四届全国人民代表大会常务委员会第五次会议二次审议。

10月19日,《中华人民共和国关税法(草案)》提请第十四届全国人民代表大会常务委员会第六次会议首次审议。

现行税收制度

目前,中国共有18个税种,按照税种性质大致可分为以下三个类别:

- 货物和劳务税,包括增值税、消费税、车辆购置税和关税4个税种。
- 所得税,包括企业所得税、个人所得税2个税种。
- 财产和行为税,包括土地增值税、房产税、城镇土地使用税、耕地占用税、契税、资源税、车船税、印花税、城市维护建设税、烟叶税、船舶吨税和环境保护税12个税种。

表7 中国现行税种(2023年)

序号	种类	纳税人	征收对象（计税依据）	税率
货物和劳务税					
1	增值税	在中国境内销售货物或者加工、修理修配劳务、销售服务、无形资产、不动产以及进口货物的单位和个人	销售、进口货物,销售加工、修理修配劳务,销售服务、无形资产、不动产	税率为13%、9%、6%;征收率为3%、5%

续表

序号	种类	纳税人	征收对象（计税依据）	税率
2	消费税	在中华人民共和国境内生产、委托加工和进口应税消费品的单位和个人，以及国务院确定的销售应税消费品的其他单位和个人	烟、酒、小汽车、成品油等15类消费品	从价定率，从量定额，或者复合计税
3	车辆购置税	在中国境内购置应税车辆的单位和个人	购置汽车、排气量超过150毫升的摩托车、有轨电车、挂车	10%
4	关税	进口货物的收货人、出口货物的发货人、进境物品的所有人	中国准许进出口的货物、进境物品	从价定率，从量定额，或者复合计税
所得税				
5	企业所得税	在中华人民共和国境内的企业和其他取得收入的组织，分为居民企业和非居民企业	居民企业和非居民企业取得的按照税法规定计征的应纳税所得额	居民企业为25%，非居民企业为20%、25%
6	个人所得税	居民个人：在中国境内有住所，或者无住所而一个纳税年度内在中国境内居住累计满183天的个人	从中国境内和境外取得的所得	居民个人税率为：综合所得，适用3%~45%的超额累进税率；经营所得，适用5%~35%的超额累进税率；利息、股息、红利所得，财产租赁所得，财产转让所得和偶然所得，适用比例税率，税率为20%。非居民个人税率为：工资薪金所得、劳务报酬所得、稿酬所得、特许权使用费所得按月按次分别适用3%~45%的超额累进税率；经营所得适用5%~35%的超额累进税率；利息、股息、红利所得，财产租赁所得，财产转让所得和偶然所得，适用比例税率，税率为20%
		非居民个人：在中国境内无住所又不居住，或者无住所而一个纳税年度内在中国境内居住累计不满183天的个人	从中国境内取得的所得	
财产和行为税				
7	土地增值税	在中国境内转让国有土地使用权、地上的建筑物及其附着物并取得收入的单位和个人	转让房地产所取得的增值额	四级超率累进税率（30%、40%、50%、60%）
8	房产税	在中国境内城市、县城、建制镇和工矿区范围内房屋的产权所有人	城市、县城、建制镇和工矿区范围内房屋	自用的，按照房产原值减除10%~30%后余值征税，税率为1.2%；出租的，按照租金征税，税率为12%

续表

序号	种类	纳税人	征收对象（计税依据）	税率
9	城镇土地使用税	在中国境内城市、县城、建制镇、工矿区范围内使用土地的单位和个人	纳税人实际占用的土地面积	城镇土地使用税每平方米年税额：大城市为1.5～30元；中等城市为1.2～24元；小城市为0.9～18元；县城、建制镇、工矿区为0.6～12元
10	耕地占用税	在中国境内占用耕地（包括其他农用地）建设建筑物、构筑物或者从事非农业建设的单位和个人	纳税人实际占用的耕地（包括其他农用地）面积	不同地区实行有差别的幅度税额
11	契税	在中国境内转移土地、房屋权属，承受的单位和个人	成交价格或互换价格差额	3%～5%
12	资源税	在中国领域和管辖的其他海域开发应税资源的单位和个人	能源矿产、金属矿产、非金属矿产、水气矿产、盐	按照《中华人民共和国资源税法》所附《资源税税目税率表》执行
13	车船税	在中国境内应税车辆、船舶的所有人或者管理人	车辆和船舶	不同幅度的定额税率
14	印花税	在中国境内书立应税凭证、进行证券交易的单位和个人；在中国境外书立在境内使用应税凭证的单位和个人	书立的应税凭证和证券交易	比例税率
15	城市维护建设税	缴纳增值税、消费税的单位和个人	纳税人依法实际缴纳的增值税和消费税税额	纳税人所在地在市区的，税率为7%；在县城、镇的，税率为5%；不在市区、县城或镇的，税率为1%
16	烟叶税	在中国境内，依照《中华人民共和国烟草专卖法》的规定收购烟叶的单位	纳税人收购烟叶实际支付的价款总额	20%
17	船舶吨税	自中国境外港口进入境内港口的船舶	船舶	实行定额税率，包括优惠税率和普通税率
18	环境保护税	在中国领域和管辖的其他海域，直接向环境排放应税污染物的企业事业单位和其他生产经营者	《中华人民共和国环境保护税法》规定的应税污染物，包括大气污染物、水污染物、固体废物和噪声	依照《中华人民共和国环境保护税法》所附《环境保护税税目税额表》执行

注：关税、船舶吨税和进口环节增值税、消费税由海关代征。

2023年税收制度与政策调整

● **税收支持中小微企业发展**

自2023年1月1日至2027年12月31日，对月销售额10万元以下（含本数）的增值税小规模纳税人，免征增值税。自2023年1月1日至2027年12月31日，增值税小规模纳税人适用3%征收率的应税销售收入，减按1%征收率征收增值税；适用3%预征率的预缴增值税项目，减按1%预征率预缴增值税。自2023年1月1日至2023年12月31日，增值税加计抵减政策按照以下规定执行：①允许生产性服务业纳税人按照当期可抵扣进项税额加计5%抵减应纳税额；②允许生活性服务业纳税人按照当期可抵扣进项税额加计10%抵减应纳税额。自2023年1月1日至2027年12月31日，对个体工商户年应纳税所得额不超过200万元的部分，减半征收个人所得税。自2023年1月1日至2027年12月31日，对小型微利企业年应纳税所得额不超过100万元的部分，减按25%计入应纳税所得额，按20%的税率缴纳企业所得税。自2022年1月1日至2027年12月31日，对小型微利企业年应纳税所得额超过100万元但不超过300万元的部分，减按25%计入应纳税所得额，按20%的税率缴纳企业所得税。

● **阶段性降低失业保险、工伤保险费率政策**

自2023年5月1日起，继续实施阶段性降低失业保险费率至1%的政策，实施期限延长至2024年底。自2023年5月1日起，按照《国务院办公厅关于印发降低社会保险费率综合方案的通知》（国办发〔2019〕13号）有关实施条件，继续实施阶段性降低工伤保险费率政策，实施期限延长至2024年底。

● **税收服务创新驱动发展战略**

按照党中央、国务院工作部署，联合财政部等部门实施了一系列延续、优化、完善的税费优惠政策，积极助力实施创新驱动发展战略。持续加大研发投入税收支持，将符合条件的企业研发费用加计扣除比例由75%提高至100%，并明确作为一项制度性安排长期实施；同时，在原有10月份企业所得税预缴申报和年度汇算两个时段享受研发费用加计扣除政策的基础上，新增7月预缴申报期作为政策享受时点，引导企业更早更及时地享受政策红利。加大集成电路、工业母机、先进制造业等重点领域税收优惠政策力度。在对软件和集成电路企业实施所得税、增值税、进口税收优惠政策的基础上，进一步聚焦集成电路和工业母机行业高质量发展，对上述两个行业符合条件企业的研发费用加计扣除比例再提高至120%，并对集成电路、工业母机、先进制造业企业实施增值税加计抵减政策。继续对科技人才给予税收优惠。延续实施粤港澳大湾区吸引高端紧缺人才的个人所得税优惠政策，继续落实现有的职务科技成果转化递延纳税或减征个人所得税政策，以及在海南等地实施的吸引高端紧缺人才个人所得税专项优惠政策。

- **税收服务乡村振兴**

按照党中央、国务院工作部署，联合财政部延续优化实施一系列支持乡村振兴、改善农村人居环境的税费优惠政策。支持农村基础设施建设。将农村饮水安全工程相关税收优惠政策延续实施至2027年12月31日，继续支持农村饮水安全工程建设、运营，助力农村特别是贫困地区饮水持续改善。支持农村金融事业发展。延续实施一系列支持农村金融事业发展政策至2027年12月31日，包括：纳税人为农户提供融资担保取得的担保费收入以及为上述融资担保提供再担保取得的再担保费收入增值税优惠政策；小额贷款公司取得的农户小额贷款利息收入增值税、企业所得税优惠政策；金融机构农户小额贷款的利息收入，保险公司为种植业、养殖业提供保险业务取得的保费收入企业所得税优惠政策；中国邮政储蓄银行提供的符合条件的农户贷款、农村企业和农村各类组织贷款取得利息收入增值税政策；金融机构向农户发放小额贷款取得的利息收入增值税优惠政策等。引导金融机构发展农村金融，帮助农民解决发展资金。支持农产品流通体系建设。将农产品批发市场、农贸市场（包括自有和承租）专门用于经营农产品的房产、土地的房产税和城镇土地使用税优惠政策延续实施至2027年12月31日。此外，还将物流企业大宗商品仓储设施用地城镇土地使用税优惠政策、部分国家商品储备税收优惠政策延续实施至2027年12月31日，符合条件的农产品流通仓储、储备企业可按规定享受上述税收优惠政策。

- **税收服务民生保障**

认真贯彻落实党中央、国务院工作部署，充分发挥税收职能作用，更好服务民生保障。按照国务院《关于提高个人所得税有关专项附加扣除标准的通知》（国发〔2023〕13号）要求，将3岁以下婴幼儿照护、子女教育专项附加扣除标准从每个子女每月1000元提高至2000元；将赡养老人专项附加扣除标准由每月2000元提高到3000元，进一步减轻家庭生育养育和赡养老人的支出负担。同时，会同财政部等部门，将居民换购住房退还个人所得税政策延续至2025年12月31日，将全年一次性奖金单独计税等优惠政策执行期限延续至2027年12月31日，进一步降低纳税人负担。

● **税收服务粤港澳大湾区建设**

认真贯彻落实党中央、国务院决策部署，充分发挥税收职能作用，助力粤港澳大湾区建设。配合财政部起草《关于横琴粤澳深度合作区货物有关进出口税收政策的通知》等，推动横琴粤澳深度合作区"分线管理"税收政策落地实施。指导广东、深圳税务部门协同发力，推动粤港澳大湾区及重点平台相关税收优惠政策落实落细，特别是针对区域性税收优惠政策执行中存在的"区内注册、区外经营"等风险问题，分别指导横琴、前海、南沙等地税务部门加强与相关部门密切协作，先后出台实施保障企业实质性运营的政策文件，明确企业在生产经营、人员、财务、财产等方面需满足的条件，确保税收优惠政策精准有效落实。聚焦到期政策延续实施，会同财政部印发《关于延续实施粤港澳大湾区个人所得税优惠政策的通知》（财税〔2023〕34号），将粤港澳大湾区个人所得税优惠政策执行期限延续至2027年底，进一步稳预期、强信心，更好支持粤港澳大湾区发展。聚焦重点平台建设，研究支持河套深港科技创新合作区深圳园区发展的税收优惠政策，2023年8月，国务院发布《关于印发〈河套深港科技创新合作区深圳园区发展规划〉的通知》（国发〔2023〕12号），明确探索实行科研机构与企业"白名单"制备案管理，对符合条件的进口自用科研货物免征关税、进口环节增值税和消费税；对特定封闭区域内鼓励类产业企业减按15%税率征收企业所得税，并由财政部、税务总局按程序制定优惠产业目录；落实好粤港澳大湾区符合条件的境外（含港澳台）高端人才和紧缺人才个人所得税税负差额补贴政策，对在深圳园区工作的香港居民，其个人所得税税负超过香港税负的部分予以免征，有效降低科研机构和人员的税负水平。

● **税收服务海南自贸港建设**

按照党中央、国务院工作部署，积极配合财政部等部门优化、完善海南自贸港税收政策制度体系，全力推动党中央决策部署落地见效。优化离岛免税购物提货方式，配合海关总署、财政部联合印发《关于增加海南离岛免税购物"担保即提"和"即购即提"提货方式的公告》（海关总署 财政部 税务总局公告2023年第25号），新增了担保即提、即购即提两种提货方式，离岛旅客可对单价超过5万元（含）的免税品选择"担保即提"提货方式，可对清单内单价不超过2万元（不含）的免税品选择"即购即提"提货方式，进一步提升了旅客购物体验。扩大"零关税"政策清单范围，配合财政部、海关总署出台了《关于调整海南自由贸易港交通工具及游艇"零关税"政策的通知》（财关税〔2023〕14号），将半挂车用的公路牵引车、机坪客车、全地形车等22项商品纳入交通工具及游艇"零关税"清单范围。

现行社会保险制度

目前，中国社会保险包括基本养老保险、基本医疗保险、失业保险、工伤保险和生育保险五大类。此外，按照党中央、国务院决策部署，税务部门征收的还有正在试点的长期护理保险和新就业形态就业人员职业伤害保障两类。

表8 中国现行社会保险制度（2023年）

种类		缴费人	缴费基数	缴费比例
基本养老保险	企业职工基本养老保险	各类用人单位及其职工（机关事业单位及其编制内人员除外） 无雇工的个体工商户、未在用人单位参加基本养老保险的非全日制从业人员以及其他灵活就业人员	单位缴费基数：职工个人缴费工资基数之和	单位缴费比例：16%
			个人缴费基数：职工本人工资。职工月平均工资低于本省上年全口径社会平均工资60%的，按60%计算缴费工资基数，超过本省上年全口径社会平均工资300%的部分不计入缴费工资基数	个人缴费比例：8%
			灵活就业人员缴费基数：可在本省上年全口径社会平均工资的60%至300%之间适当选择	灵活就业人员缴费比例：20%
	机关事业单位工作人员基本养老保险	机关事业单位及其编制内工作人员	单位缴费基数：参加机关事业单位养老保险工作人员的个人缴费工资基数之和	单位缴费比例：16%
			个人缴费基数：本人工资。工作人员月平均工资低于本省上年全口径社会平均工资60%的，按60%计算缴费工资基数，超过本省上年全口径社会平均工资300%的部分不计入缴费工资基数	个人缴费比例：8%
	城乡居民基本养老保险	年满16周岁（不含在校学生），非国家机关和事业单位工作人员及不属于职工基本养老保险制度覆盖范围的城乡居民	个人缴费标准分为每人每年100元、200元、300元、400元、500元、600元、700元、800元、900元、1000元、1500元、2000元12个档次，省（区、市）人民政府可以根据实际情况增设缴费档次	

续表

种类		缴费人	缴费基数	缴费比例
基本医疗保险	职工基本医疗保险	各类用人单位及其职工，由用人单位和职工共同缴纳；无雇工的个体工商户、未在用人单位参加职工基本医疗保险的非全日制从业人员以及其他灵活就业人员可以自愿参加，由个人缴纳	单位缴费基数：单位职工工资总额	单位缴费比例：6%左右
			个人缴费基数：本人工资收入	个人缴费比例：2%左右
			灵活就业人员缴费基数可参照当地上一年职工年平均工资核定	灵活就业人员缴费率原则上按照当地的缴费率确定
	城乡居民基本医疗保险	除职工基本医疗保险应参保人员以外的其他所有城乡居民	2023年个人最低缴纳标准每人每年380元	
失业保险	失业保险	用人单位和职工	单位缴费基数：本单位工资总额	单位缴费比例：0.5%～0.8%
			个人缴费基数：本人工资	个人缴费比例：0.2%～0.5%
工伤保险	工伤保险	用人单位	单位缴费基数：本单位职工工资总额	（一）行业差别费率 工伤保险行业风险类别确定为八类，一类至八类分别控制在该行业用人单位职工工资总额的0.2%、0.4%、0.7%、0.9%、1.1%、1.3%、1.6%、1.9%左右。 （二）浮动费率 在实行行业差别费率的基础上，通过费率浮动的办法确定每个行业内的费率档次。一类行业分为三个档次，即在基准费率的基础上，可向上浮动至120%、150%，二类至八类行业分为五个档次，即在基准费率的基础上，可分别向上浮动至120%、150%或向下浮动至80%、50%
生育保险	生育保险	用人单位	单位缴费基数：单位职工工资总额。原则上与职工基本医疗保险的缴费基数一致	与职工基本医疗保险统一征缴，按照用人单位参加生育保险和职工基本医疗保险的缴费比例之和确定新的单位费率
长期护理保险（试点）	职工长期护理保险	试点地区参加职工基本医疗保险的用人单位、个人	单位缴费基数：职工工资总额	单位缴费比例与个人缴费比例原则上相同；各试点地区缴费比例为0.15%至0.5%不等
			个人缴费基数：本人工资收入	
	城乡居民长期护理保险	试点地区参加城乡居民基本医疗保险的个人	各试点地区个人缴费标准每人每年5元至90元不等	

续表

种类		缴费人	缴费基数	缴费比例
新就业形态就业人员职业伤害保障（试点）	新就业形态就业人员职业伤害保障	试点地区部分出行、外卖、即时配送和同城货运平台企业	上月总单量	试行期间出行、外卖、即时配送和同城货运暂按每单0.04元、0.06元、0.04元、0.2元执行；制度正式推行后，根据职业伤害保障费使用、职业伤害发生率等情况，可以在平台企业缴费基准额的基础上适当浮动，上下浮动不超过50%，确定不同平台企业的每单缴费标准

税收经济数据

表9　分地区税收收入（2023年）

单位：亿元

地区	2023年	2022年	同比(％)
全国合计	176964	160743	10.1
北　京	15113	13633	10.9
天　津	3567	3287	8.5
河　北	4957	4120	20.3
山　西	4584	4662	-1.7
内蒙古	3947	3630	8.7
辽　宁	4150	3820	8.6
吉　林	1602	1379	16.2
黑龙江	1809	1719	5.3
上　海	15794	15474	2.1
江　苏	15587	13360	16.7
浙　江	14049	13254	6.0
安　徽	5141	4434	15.9
福　建	4696	4174	12.5
江　西	4018	3719	8.0
山　东	10306	9274	11.1
河　南	5434	4609	17.9
湖　北	5416	4807	12.7
湖　南	4372	3912	11.8
广　东	21638	20794	4.1

续表

地区	2023年	2022年	同比(%)
广　西	2310	1959	17.9
海　南	1287	1191	8.1
重　庆	2783	2461	13.1
四　川	7169	5921	21.1
贵　州	2805	2326	20.6
云　南	3365	2774	21.3
西　藏	368	284	29.6
陕　西	5251	5076	3.4
甘　肃	1474	1300	13.4
青　海	526	426	23.6
宁　夏	710	605	17.2
新　疆	2736	2360	15.9

注：税收收入不含海关代征进口税收、关税和船舶吨税，未扣除出口退税。

表10 分行业税收收入（2023年）

单位：亿元

行业	2023年	2022年	同比(%)
全国合计	176964	160743	10.1
一、第一产业	219	169	29.7
二、第二产业	78722	71412	10.2
1.采矿业	10227	11746	-12.9
2.制造业	54348	48289	12.5
3.电力、热力、燃气及水的生产和供应业	4327	2374	82.3
4.建筑业	9819	9003	9.1
三、第三产业	98023	89163	9.9
5.批发和零售业	21988	20560	6.9
6.交通运输、仓储和邮政业	3490	286	1120.4
7.住宿和餐饮业	464	172	169.4
8.信息传输、软件和信息技术服务业	6225	5367	16.0
9.金融业	22973	24054	-4.5
10.房地产业	18823	17158	9.7
11.租赁和商务服务业	10129	9392	7.8
12.科学研究和技术服务业	4852	4015	20.9
13.水利、环境和公共设施管理业	449	259	72.8
14.居民服务、修理和其他服务业	1411	1376	2.6
15.教育	688	617	11.5
16.卫生和社会工作	666	603	10.4
17.文化、体育和娱乐业	624	424	47.0
18.公共管理、社会保障和社会组织	3165	2995	5.7
19.其他行业	2078	1885	10.3

注：税收收入不含海关代征进口税收、关税和船舶吨税，未扣除出口退税。

表11 分地区分产业税收收入（2023年）

单位：亿元

地区	第二产业			第三产业		
	2023年	2022年	同比(%)	2023年	2022年	同比(%)
全国合计	78722	71412	10.2	98023	89163	9.9
北　京	1858	1768	5.1	13244	11856	11.7
天　津	1532	1567	-2.3	2035	1719	18.3
河　北	2532	2112	19.9	2419	2001	20.9
山　西	3260	3530	-7.7	1321	1127	17.3
内蒙古	2918	2777	5.1	1022	849	20.4
辽　宁	2630	2474	6.3	1516	1342	12.9
吉　林	995	882	12.8	604	496	21.9
黑龙江	1052	1043	0.8	747	670	11.6
上　海	3582	3385	5.8	12208	12085	1.0
江　苏	8397	6721	24.9	7176	6627	8.3
浙　江	6093	5502	10.7	7946	7744	2.6
安　徽	2484	2105	18.0	2649	2324	14.0
福　建	2095	1751	19.6	2594	2417	7.3
江　西	1889	1786	5.8	2125	1930	10.1
山　东	5636	4943	14.0	4658	4318	7.9
河　南	2505	2148	16.6	2918	2446	19.3
湖　北	2527	2314	9.2	2882	2486	15.9
湖　南	2108	1863	13.2	2255	2040	10.5
广　东	8560	7826	9.4	13054	12949	0.8
广　西	1119	961	16.4	1184	992	19.4
海　南	316	294	7.4	965	888	8.7
重　庆	1144	1023	11.8	1636	1435	13.9
四　川	3032	2509	20.9	4120	3403	21.1
贵　州	1500	1387	8.1	1300	937	38.7
云　南	2120	1925	10.1	1239	845	46.6
西　藏	111	36	211.1	256	248	3.4
陕　西	3434	3632	-5.5	1814	1443	25.8
甘　肃	848	829	2.3	622	470	32.5
青　海	335	266	25.9	190	159	19.6
宁　夏	434	407	6.5	275	198	38.8
新　疆	1675	1643	2.0	1049	719	46.0

注：税收收入不含海关代征进口税收、关税和船舶吨税，未扣除出口退税。

表12 分税种税收收入（2013—2023年）

单位：亿元

税种	2013年	2014年	2015年	2016年	2017年	2018年	2019年	2020年	2021年	2022年	2023年
全国合计	105917	115095	123406	127623	139703	152982	156180	151329	171291	160743	176964
1.国内增值税	28933	30983	31226	40830	56126	61430	62423	56846	63573	48912	69538
2.国内消费税	8294	8969	10640	10368	10396	10800	12693	12206	14047	16867	16322
3.企业所得税	23880	26442	27712	29125	32337	35490	37516	36570	42238	43877	41278
4.个人所得税	6532	7377	8617	10094	11961	13872	10389	11733	14145	15141	15021
5.资源税	1006	1084	1035	951	1353	1630	1821	1755	2288	3389	3070
6.城市维护建设税	3419	3642	3909	4052	4358	4861	4821	4608	5217	5075	5223
7.房产税	1582	1852	2051	2221	2604	2889	2989	2841	3278	3590	3994
8.印花税	1245	1542	3445	2217	2211	2204	2468	3096	4088	4401	3793
9.城镇土地使用税	1719	1993	2142	2256	2361	2388	2195	2058	2126	2226	2213
10.土地增值税	3294	3915	3833	4212	4911	5644	6471	6461	6895	6349	5294
11.车船税	474	541	617	681	772	831	881	945	1021	1072	1114
12.车辆购置税	2596	2885	2793	2674	3281	3453	3498	3531	3520	2398	2681
13.烟叶税	150	141	143	131	116	111	111	109	119	133	151
14.耕地占用税	1740	1991	2048	2008	1652	1319	1390	1258	1065	1257	1126
15.契税	3815	3961	3880	4295	4909	5730	6213	7061	7427	5794	5910
16.环境保护税	—	—	—	—	—	151	221	207	203	211	205
17.其他税收	17239	17779	19315	11509	356	179	80	45	39	51	28

注：税收收入不含海关代征进口税收、关税和船舶吨税，未扣除出口退税。"—"表示未开征年份。

附 录

表13 分地区税收收入（2013—2023年）

单位：亿元

地区	2013年	2014年	2015年	2016年	2017年	2018年	2019年	2020年	2021年	2022年	2023年
全国合计	105917	115095	123406	127623	139703	152982	156180	151329	171291	160743	176964
北 京	9909	11049	11797	12473	12404	12656	13098	12806	13991	13633	15113
天 津	2715	2929	2933	3040	3270	3351	3460	3189	3508	3287	3567
河 北	3214	3345	3483	3670	4243	4843	4917	4662	5064	4120	4957
山 西	2223	2075	1855	1789	2476	2889	3114	2836	3625	4662	4584
内蒙古	2200	1995	2090	2130	2282	2454	2669	2489	2930	3630	3947
辽 宁	4298	4101	3475	3489	3774	4042	4085	3819	4217	3820	4150
吉 林	1791	1865	1789	1843	1871	1870	1712	1675	1761	1379	1602
黑龙江	2074	2078	1809	1594	1797	1952	1817	1596	1711	1719	1809
上 海	8243	9208	11230	11847	12840	13824	13698	13053	15318	15474	15794
江 苏	9828	10870	11887	12095	12573	13987	14082	14065	15656	13360	15587
浙 江	6881	7491	8139	8675	9681	10919	11389	11754	13737	13254	14049
安 徽	2680	2973	3171	3354	3756	4212	4343	4321	4681	4434	5141
福 建	3180	3482	3654	3704	3960	4286	4322	4234	4851	4174	4696
江 西	1960	2241	2433	2525	2802	3186	3358	3338	3730	3719	4018
山 东	6297	6879	7175	7341	8133	8982	9241	8738	10330	9274	10306
河 南	3149	3445	3637	3827	4329	4950	5175	5071	5267	4609	5434
湖 北	3080	3524	3925	4122	4593	5003	5094	4068	5124	4807	5416
湖 南	2662	2897	3116	3197	3663	4072	4120	4131	4507	3912	4372
广 东	11521	13062	15510	16431	18285	19683	20241	20274	22653	20794	21638
广 西	1605	1768	1900	1982	2112	2317	2384	2277	2494	1959	2310
海 南	676	760	837	901	1020	1166	1186	1050	1390	1191	1287
重 庆	1844	2130	2387	2499	2656	2876	2800	2586	2889	2461	2783
四 川	3648	3957	4060	4213	4698	5388	5569	5680	6322	5921	7169
贵 州	1546	1787	1912	1964	2212	2510	2485	2378	2620	2326	2805
云 南	2636	2757	2708	2597	2809	3228	3469	3420	3566	2774	3365
西 藏	144	170	192	253	332	396	379	361	360	284	368
陕 西	2583	2662	2598	2358	3003	3527	3665	3420	4228	5076	5251
甘 肃	908	1031	1160	1160	1258	1351	1295	1291	1496	1300	1474
青 海	342	354	342	312	361	396	386	392	436	426	526
宁 夏	453	471	493	501	563	603	580	530	624	605	710
新 疆	1626	1738	1708	1735	1948	2063	2045	1827	2203	2360	2736

注：税收收入不含海关代征进口税收、关税和船舶吨税，未扣除出口退税。

表14 税收收入占GDP比重（2013—2023年）

单位：亿元

年份	税收收入	GDP	税收收入占GDP比重（%）
2013	110531	592963	18.6
2014	119175	643563	18.5
2015	124922	688858	18.1
2016	130361	746395	17.5
2017	144370	832036	17.4
2018	156403	919281	17.0
2019	157992	986515	16.0
2020	154310	1013567	15.2
2021	172731	1149237	15.0
2022	166614	1204724	13.8
2023	181129	1260582	14.4

注：税收收入为财政部一般公共预算收入中的全国税收收入，含海关代征进口税收、关税、船舶吨税，扣除出口退税；2023年GDP为初核数。

表15 税收收入占一般公共预算收入比重（2013—2023年）

单位：亿元

年份	税收收入	一般公共预算收入	税收收入占一般公共预算收入比重（%）
2013	95398	129210	73.8
2014	103766	140370	73.9
2015	110604	152269	72.6
2016	115880	159605	72.6
2017	126013	172593	73.0
2018	137968	183360	75.2
2019	140439	190390	73.8
2020	136780	182914	74.8
2021	154573	202555	76.3
2022	142065	203649	69.8
2023	159040	216784	73.4

注：税收收入不含海关代征进口税收、关税和船舶吨税，扣除出口退税。

税收协定与税收情报网络

扩大税收协定网络

2023年，中国国家税务总局进一步扩大和完善税收协定网络，截至2023年底，中国税收协定网络已覆盖全球114个国家和地区，基本涵盖中国对外投资主要目的地及来华投资主要国家（地区）。

表16　中国与其他国家签订的避免双重征税协定

国家	签署日期	生效日期	国家	签署日期	生效日期
日本	1983.09.06	1984.06.26	新加坡	1986.04.18	1986.12.11
				2007.07.11	2007.09.18
美国	1984.04.30	1986.11.21	加拿大	1986.05.12	1986.12.29
法国	1984.05.30	1985.02.21	芬兰	1986.05.12	1987.12.18
	2013.11.26	2014.12.28		2010.05.25	2010.11.25
英国	1984.07.26	1984.12.23	瑞典	1986.05.16	1987.01.03
	2011.06.27	2013.12.13			
比利时	1985.04.18	1987.09.11	新西兰	1986.09.16	1986.12.17
	2009.10.07	2013.12.29		2019.04.01	2019.12.27
德国①	1985.06.10	1986.05.14	泰国	1986.10.27	1986.12.29
	2014.03.28	2016.04.06			
马来西亚	1985.11.23	1986.09.14	意大利	1986.10.31	1989.11.14
				2019.03.23	（尚未生效）
挪威	1986.02.25	1986.12.21	荷兰	1987.05.13	1988.03.05
	2023.5.12	（尚未生效）		2013.05.31	2014.08.31
丹麦	1986.03.26	1986.10.22	捷克斯洛伐克（适用于斯洛伐克）②	1987.06.11	1987.12.23
	2012.06.16	2012.12.27			

续表

国家	签署日期	生效日期	国家	签署日期	生效日期
波兰	1988.06.07	1989.01.07	巴布亚新几内亚	1994.07.14	1995.08.16
澳大利亚	1988.11.17	1990.12.28	印度	1994.07.18	1994.11.19
南斯拉夫（适用于波斯尼亚和黑塞哥维那）③	1988.12.02	1989.12.16	毛里求斯	1994.08.01	1995.05.04
保加利亚	1989.11.06	1990.05.25	克罗地亚	1995.01.09	2001.05.18
巴基斯坦	1989.11.15	1989.12.27	白俄罗斯	1995.01.07	1996.10.03
科威特	1989.12.25	1990.07.20	斯洛文尼亚	1995.02.13	1995.12.27
瑞士	1990.07.06	1991.09.27	以色列	1995.04.08	1995.12.22
瑞士	2013.09.25	2014.11.15			
塞浦路斯	1990.10.25	1991.10.05	越南	1995.05.17	1996.10.18
西班牙	1990.11.22	1992.05.20	土耳其	1995.05.23	1997.01.20
西班牙	2018.11.28	2021.05.02			
罗马尼亚	1991.01.16	1992.03.05	乌克兰	1995.12.04	1996.10.18
罗马尼亚	2016.07.04	2017.06.17			
奥地利	1991.04.10	1992.11.01	亚美尼亚	1996.05.05	1996.11.28
巴西	1991.08.05	1993.01.06	牙买加	1996.06.03	1997.03.15
蒙古	1991.08.26	1992.06.23	冰岛	1996.06.03	1997.02.05
匈牙利	1992.06.17	1994.12.31	立陶宛	1996.06.03	1996.10.18
马耳他	1993.02.02	1994.03.20	拉脱维亚	1996.06.07	1997.01.27
马耳他	2010.10.18	2011.08.25			
阿拉伯联合酋长国	1993.07.01	1994.07.14	乌兹别克斯坦	1996.07.03	1996.07.03
卢森堡	1994.03.12	1995.07.28	孟加拉国	1996.09.12	1997.04.10
韩国	1994.03.28	1994.09.27	塞尔维亚④	1997.03.21	1998.01.01
俄罗斯	1994.05.27	1997.04.10	黑山④	1997.03.21	1998.01.01

附 录

续表

国家	签署日期	生效日期	国家	签署日期	生效日期
苏丹	1997.05.30	1999.02.09	吉尔吉斯斯坦	2002.06.24	2003.03.29
马其顿	1997.06.09	1997.11.29	摩洛哥	2002.08.27	2006.08.16
埃及	1997.08.13	1999.03.24	斯里兰卡	2003.08.11	2005.05.22
葡萄牙	1998.04.21	2000.06.07	特立尼达和多巴哥	2003.09.18	2005.05.22
爱沙尼亚	1998.05.12	1999.01.08	阿尔巴尼亚	2004.09.13	2005.07.28
老挝	1999.01.25	1999.06.22	文莱	2004.09.21	2006.12.29
塞舌尔	1999.08.26	1999.12.17	阿塞拜疆	2005.03.17	2005.08.17
菲律宾	1999.11.18	2001.03.23	格鲁吉亚	2005.06.22	2005.11.10
爱尔兰	2000.04.19	2000.12.29	墨西哥	2005.09.12	2006.03.01
南非	2000.04.25	2001.01.07	沙特阿拉伯	2006.01.23	2006.09.01
巴巴多斯	2000.05.15	2000.10.27	阿尔及利亚	2006.11.06	2007.07.27
摩尔多瓦	2000.06.07	2001.05.26	塔吉克斯坦	2008.08.27	2009.03.28
卡塔尔	2001.04.02	2008.10.21	埃塞俄比亚	2009.05.14	2012.12.25
古巴	2001.04.13	2003.10.17	捷克	2009.08.28	2011.05.04
委内瑞拉	2001.04.17	2004.12.23	土库曼斯坦	2009.12.13	2010.05.30
尼泊尔	2001.05.14	2010.12.31	赞比亚	2010.07.26	2011.06.30
哈萨克斯坦	2001.09.12	2003.07.27	叙利亚	2010.10.31	2011.09.01
印度尼西亚	2001.11.07	2003.08.25	乌干达	2012.01.11	（尚未生效）
阿曼	2002.03.25	2002.07.20	博茨瓦纳	2012.04.11	2018.09.19
尼日利亚	2002.04.15	2009.03.21	厄瓜多尔	2013.01.21	2014.03.06
突尼斯	2002.04.16	2003.09.23	智利	2015.05.25	2016.08.08
伊朗	2002.04.20	2003.08.14	津巴布韦	2015.12.01	2016.09.29
巴林	2002.05.16	2002.08.08	柬埔寨	2016.10.13	2018.01.26
希腊	2002.06.03	2005.11.11	肯尼亚	2017.09.21	（尚未生效）

续表

国家	签署日期	生效日期	国家	签署日期	生效日期
加蓬	2018.09.01	（尚未生效）	卢旺达	2021.12.07	2022.06.25
刚果（布）	2018.09.05	2022.07.06	塞内加尔	2023.10.17	（尚未生效）
安哥拉	2018.10.09	2022.06.11	喀麦隆	2023.10.17	（尚未生效）
阿根廷	2018.12.02	（尚未生效）			

注：① 中国政府于1985年6月10日、1987年6月8日先后与德意志联邦共和国、德意志民主共和国政府签订避免对所得和财产双重征税协定、避免对所得双重征税和防止偷漏税协定。1990年10月3日，德意志联邦共和国与德意志民主共和国统一为德意志联邦共和国，中国政府于1985年6月10日与德意志联邦共和国政府签订的避免对所得和财产双重征税协定继续适用于中国和统一以后的德意志联邦共和国。

② 中国政府于1987年6月11日与捷克斯洛伐克社会主义共和国政府签订避免对所得双重征税和防止偷漏税协定。1990年，捷克斯洛伐克社会主义共和国先后改国名为捷克斯洛伐克联邦共和国、捷克和斯洛伐克联邦共和国，上述协定继续适用。1993年1月1日，捷克和斯洛伐克联邦共和国分解为捷克共和国和斯洛伐克共和国，上述协定继续适用于中国和上述两国。2009年8月28日，中国政府与捷克共和国政府签订避免对所得双重征税和防止偷漏税协定，已经生效。

③ 中国政府于1988年12月2日与南斯拉夫社会主义联邦共和国议会联邦执行委员会（南斯拉夫政府）签订避免对所得和财产双重征税协定。后来南斯拉夫解体，据外交部告，该协定由解体后的各国继承。后来中国政府陆续与解体后的各国政府签订避免对所得和财产双重征税协定，仅有波斯尼亚和黑塞哥维那政府未单独签订，上述协定继续适用于中国和波斯尼亚和黑塞哥维那。

④ 中国政府于1997年3月21日与南斯拉夫联盟共和国联盟政府（南斯拉夫联盟政府）签订避免对所得和财产双重征税协定。2003年2月4日，南斯拉夫联盟共和国改国名为塞尔维亚和黑山共和国，上述协定继续适用。2006年6月3日，塞尔维亚和黑山共和国分解为塞尔维亚共和国和黑山共和国，上述协定继续适用于中国和上述两国。

表17 内地与香港、澳门特别行政区签订的避免双重征税安排

地　区	签署日期	生效日期
澳门特别行政区	2003.12.27	2003.12.30
香港特别行政区	2006.08.21	2006.12.08

表18 大陆与台湾地区签订的避免双重征税协议

地　区	签署日期	生效日期
台　湾	2015.08.25	（尚未生效）

拓展情报交换网络

20世纪90年代，中国主要开展专项税收情报交换，合作对象包括美国、英国、日本、韩国等10余个国家。进入21世纪，随着中国经济不断融入全球经济体系，中国税收情报交换工作也呈现加速发展态势。2023年，中国情报交换伙伴已达163个国家（地区），并继续通过国际联合信息分享与协作特别工作组（JITSIC）平台与相关国家开展情报交换项目合作。

2013年8月，中国签署《多边税收征管互助公约》，2016年2月1日起对中国生效，自2017年1月1日起执行。中国还与巴哈马、英属维尔京群岛、马恩岛、根西、泽西、百慕大、阿根廷、开曼群岛、圣马力诺和列支敦士登10个国家和地区签订了税收情报交换协定且已生效执行。中国国际税收征管协作网络得到较大拓展，覆盖了主要贸易伙伴以及与中国经济往来较为频繁的低税负国家或地区。2020年，中国通过税收透明度和情报交换全球论坛（以下简称全球论坛）开展的第二轮专项税收情报交换同行审议，获得的评级为"大部分遵从"。

2014年，中国对外承诺将实施金融账户涉税信息自动交换标准（CRS）。

2015年12月，经国务院批准，国家税务总局签署了《金融账户涉税信息自动交换多边主管当局间协议》。

2017年5月，国家税务总局、财政部、中国人民银行、中国银行业监督管理委员会、中国证券监督管理委员会、中国保险监督管理委员会共同发布《非居民金融账户涉税信息尽职调查管理办法》，自2017年7月1日起执行，实现了CRS在中国的落地实施。自2018年起，中国已连续六年成功对外交换非居民金融账户涉税信息，并获取居民纳税人境外账户信息，为打击跨境逃避税行为提供更为有力的信息支撑。

2020年，中国通过全球论坛开展的CRS国内法审议，各项法律要素全部达标，获得的评级为"到位"。2022年，中国通过CRS有效性审议，获得的评级为"合规"。

表19 中国政府签订的多边税收条约

条约名称	签署日期	生效日期	执行日期
多边税收征管互助公约	2013.08.27	2016.02.01	2017.01.01
金融账户涉税信息自动交换多边主管当局间协议	2015.12.16	2017.05	2017.07
实施税收协定相关措施以防止税基侵蚀和利润转移的多边公约	2017.06.07	2022.09.01	

表20 中国政府签订的税收情报交换协定

国家（地区）	签署日期	生效日期	执行日期	签署人
巴哈马	2009.12.01	2010.08.28	2011.01.01	胡定贤（大使）
英属维尔京群岛	2009.12.07	2010.12.30	2011.01.01	钱冠林
马恩岛	2010.10.26	2011.08.14	2012.01.01	肖捷
根西	2010.10.27	2011.08.17	2012.01.01	肖捷
泽西	2010.10.29	2011.11.10	2012.01.01	肖捷
百慕大	2010.12.02	2011.12.31	2012.01.01	王力
阿根廷	2010.12.13	2011.09.16	2012.01.01	肖捷
开曼群岛	2011.09.26	2012.11.15	2013.01.01	宋兰
圣马力诺	2012.07.09	2013.04.30	2014.01.01	肖捷
列支敦士登	2014.01.27	2014.08.02	2015.01.01	梁建全（驻苏黎世总领事）